Der Autor

Geshe Pema Samten, 1957 in Dargye geboren, trat 1983 als Mönch in das indische Kloster Sera-Je ein. 1997 legte er die Prüfung zum Lharampa-Geshe ab, dem höchsten Ausbildungsgrad der tibetischen Klosteruniversitäten und absolvierte anschließend eine einjährige Ausbildung auf dem Tantra-Kolleg. Er ist ständiger Lehrer im Tibetischen Zentrum e.V. in Hamburg, Abt des Klosters Tashi Dargye in Ost- Tibet und Initiator der Vereine: Tashi Dargye e.V., Förderverein für die Region Dargye in Ost-Tibet und dem Tibet-Zentrum Hannover, Samten Dargye Ling e.V..

INHALTSVERZEICHNIS

Vorwort und Dank	9
Einleitende Worte	12
Fünf Ursachen zur Entwicklung eines stabilen Geistes	16
1. Das Kostbare Menschenleben	20
Der Fünffache Niedergang	25
Ein Kostbares Menschenleben erlangt man nur selten	27
2. Ethik	34
Abhängig verbundenes Entstehen	41
Meditation über Ethik	43
3. Liebe und Mitgefühl	46
4. Geduld	59
1. Geduld angesichts von Leiden	61
2. Geduld angesichts von Schwierigkeiten bei der Dharma-Praxis	62
3. Geduld angesichts von Schädigungen und Schädigern	64
5. Weisheit	69
Konzentrative Meditation	74
Glossar und Anmerkungen	78
Kurz-Biografie Geshe Pema Samten	88

VORWORT UND DANK

Ruhiger Geist in stürmischen Zeiten

Diese buddhistischen Unterweisungen hat Khen Rinpoche Geshe Pema Samten im ersten Jahr der Corona-Pandemie gegeben. Das erste Jahr war für uns alle eine sehr schwierige Zeit. Wir wussten nicht, wie wir mit dieser enormen Herausforderung umgehen sollten. Wir waren verwirrt, verunsichert, wütend und auch verzweifelt. Welche Empfehlungen hat der Buddha in solchen Situationen gegeben? Man kann die Lehren des Buddha auch als Krisen-Management verstehen. Wobei er nicht nur zeigt, wie man mit Krisen umgeht, sondern auch, wie man schließlich gar nicht mehr in Krisen gerät. Fangen wir klein an und kümmern uns erstmal darum, wie wir Krisen gut meisten können.

Geshe Pema Samten hat den Dharma über viele Jahre hinweg sehr intensiv studiert und praktiziert. Wer ihn persönlich kennt, weiß, dass ihn nichts wirklich aus der Fassung bringen kann. Er ist jemand, der das, was er lehrt, auch umsetzt. Für mich, als seine Schülerin, ist er deshalb ein leuchtendes Vorbild. Sein friedliches, mitfühlendes Verhalten, gepaart mit viel Humor, inspiriert mich täglich, ihm nachzueifern.

In diesem kleinen Buch finden Sie viele Anregungen, wie Sie mit Krisen aller Art besser umgehen können. Viel Freude beim Lesen und Anwenden!

Mein größter Dank geht an meinen Lehrer Khen Rinpoche Geshe Pema Samten. Darüber hinaus danke ich allen, die an diesem Buch mitgewirkt haben, wie Frank Dick, der aus dem Tibetischen übersetzt hat, Beate Ludwig und Silvia Engelhardt, die den Verlag Edition Blumenau leiten, der Grafikerin Kati Krüger, die das Buch wieder so schön gestaltet hat und anderen.

Mögen alle, die diese Lehren lesen und anwenden möglichst schnell aus den Leiden des Daseinskreislaufs Befreiung finden!

Dagmar Winkler, Bhikshuni Sönam Chötso im Oktober 2021

Vorwort und Dank

EINLEITENDE WORTE

In dieser Welt geschehen immer wieder viele beängstigende Dinge, die uns in Furcht und Schrecken versetzen, wie zum Beispiel die Corona-Pandemie und der Klimawandel. Durch die Auswirkungen einer Pandemie geraten viele Menschen in gesundheitliche und existenzielle Krisen. Auch die Ängste und Befürchtungen nehmen pandemische Ausmaße an. Ich wurde gebeten, etwas darüber zu sagen, wie man in einer so bedrückenden Situation einen entspannten Geist und inneren Frieden bewahren kann. Der Buddha hat viele Methoden gelehrt, wie man den Geist entspannen und befrieden kann und wie man dadurch Widerstandskraft entwickelt. Später haben viele indische und auch tibetische Meister diese Methoden weitergegeben und erklärt. Da ich an dieser Stelle nicht im Einzelnen auf die umfangreiche Lehre des Buddha *Śakyamuni*[1] eingehen kann, möchte ich fünf Punkte hervorheben, die für die Entwicklung eines entspannten, kraftvollen und friedlichen Geistes ursächlich sind.

FÜNF URSACHEN ZUR ENTWICKLUNG EINES STABILEN GEISTES

Diese sollten vollständig vorhanden sein.

1. DAS KOSTBARE MENSCHENLEBEN
2. ETHIK
3. LIEBE UND MITGEFÜHL
4. GEDULD
5. WEISHEIT

1. DAS KOSTBARE MENSCHENLEBEN

Als Mensch sind wir zu bestimmten Erkenntnissen fähig. Aufgrund unserer sprachlichen Fähigkeiten können wir gut miteinander kommunizieren und vieles verstehen. Ein Mensch zu sein, ist eine der wichtigsten Ursachen, um einen stabilen Geist zu entwickeln.

2. ETHIK

Die Ethik hat der Buddha als Fundament für die Entwicklung zahlreicher Fähigkeiten bezeichnet. Ohne sie ist innerer Friede nicht möglich.

3. LIEBE UND MITGEFÜHL

Die geistigen Qualitäten der Liebe und des Mitgefühls sollte man als inneren Schatz betrachten, denn liebevolle Zuneigung ist wie ein Juwel.

4. GEDULD

Um unseren inneren Frieden in schwirigen Situationen bewahren zu können, brauchen wir eine wappnende Rüstung. Geduld ist die Rüstung, die uns auch in schwierigsten Situationen ruhig bleiben lässt. Ohne Geduld ist es nicht möglich, friedlich zu bleiben.

5. WEISHEIT

Darüber hinaus bedarf es scharfer unterscheidender Weisheit, um identifizieren zu können, welches Verhalten destruktiv und schädlich ist und welches nützlich und hilfreich.

Diese fünf Punkte, die notwendig sind, um einen friedvollen und entspannten Geist entwickeln zu können, sind eine persönliche Auswahl von mir, aus nahezu unzähligen buddhistischen Methoden.

1.
DAS KOSTBARE MENSCHENLEBEN

Im Moment befinden wir uns in einer außerordentlich günstigen Situation, denn wir besitzen gerade ein *Kostbares Menschenleben* [2]. Es ist wichtig, dass wir uns das wirklich bewusst machen. Die wörtliche Übersetzung bedeutet: Kostbarer Menschenkörper. Hauptsächlich geht es aber darum, zu erkennen, wie kostbar dieses Leben tatsächlich ist.

Wir bringen die Voraussetzung mit, Dinge verändern zu können. So ist es uns möglich, den Verlauf einer schwierigen Situation in eine positive Richtung zu lenken. Es kann auch passieren, dass wir nur wenig oder gar keinen Einfluss nehmen können. Aus buddhistischer Sicht würde man das mit der Situation eines Tieres vergleichen. In aller Regel sind Tiere dem, was mit ihnen geschieht, hilflos ausgeliefert. Die Fähigkeit, die eigene Lage bewusst zu verändern, gibt es im Tierbereich nicht im gleichen Maß wie im *Menschenbereich* [3]. Aber als Menschen haben wir ein anderes Problem: Wir erkennen unser Potenzial nicht. Deshalb kommen wir oft gar nicht auf die Idee, dass wir etwas bewegen könnten. In den buddhistischen Schriften findet man an vielen Stellen Erklärungen zum Kostbaren Menschenleben. Der menschliche Körper wird deshalb als so bedeutend hervorgehoben und als so kostbar erachtet, weil er mit einem menschlichen Geist ausgestattet ist, der viele Besonderheiten und Vorzüge hat. Wegen unserer geistigen Fähigkeiten ist unser Leben so außerordentlich wertvoll.

Im Buddhismus heißt es, dass wir uns in *Saṃsāra* ⁴ befinden. Das ist der Daseinskreislauf. Er ist dadurch gekennzeichnet, dass alle Wesen immer wieder geboren werden, immer wieder sterben und in jeder Existenz immer wieder viele Leiden erleben. Darüber hinaus hat der Buddha erklärt, dass wir in der Zeit des *Fünffachen Niedergangs* ⁵ leben, in der viele Arten der Degeneration auftreten. So degenerieren zum Beispiel die Weltanschauungen der Menschen. Obwohl oder vielleicht auch gerade, weil es langsam bergab geht, weist der Buddha nachdrücklich darauf hin, dass wir als Menschen mit einem Bewusstsein ausgestattet sind, das zu tiefem Verstehen fähig ist. Und dass wir deshalb auch alle Schwierigkeiten, die, wie wir denken, von außen kommen, grundsätzlich bewältigen können. Wenn wir erkennen würden, wozu wir als Menschen fähig sind, könnten wir alle Probleme überwinden.

Der Buddha ermuntert uns also, tiefer zu schauen, um herauszufinden, wo alle unsere Probleme und Leiden herkommen. Wenn wir das tun, sehen wir plötzlich, dass alle Ängste und Leiden in unserem eigenen Geist entstehen. Wir erkennen, dass sie gar nicht von außen kommen, sondern aus uns selbst. Alle unsere Hindernisse entstehen in unserem Geist, und deshalb können sie auch nur in unserem Geist überwunden werden. In dem Grad, in dem wir lernen, geistig geschickter zu werden, nehmen die vielfältigen Schwierigkeiten, unter denen wir leiden, ab. Solange wir unseren eigenen Geist nicht verstehen und wir mit ihm deshalb auch nicht gut umgehen können, werden wir uns weiterhin in Leid verstricken.

DER FÜNFFACHE NIEDERGANG

Der Buddha hat fünf Aspekte der Degeneration erklärt. Die sind nicht schön, trotzdem wollen wir sie uns genauer anschauen. Der erste Aspekt bezieht sich auf den Zustand der Lebewesen. Sie sind von einer Art der Degeneration betroffen, die darin besteht, so etwas wie ein übriggebliebener Rest zu sein. Seit anfangsloser Zeit sind sehr viele Buddhas in der Welt erschienen und sie alle hatten viele Schüler*innen. Es gab solche, die den Buddha-Dharma gut verstanden, ihn ernsthaft praktizierten und schließlich die Befreiung aus allen Leiden erreichten. Und es gab und gibt den Rest derer, die das bis heute nicht geschafft haben. Dazu zählen, unter vielen anderen, auch wir. Der Grund ist, dass es uns schwerfällt, klar zu unterscheiden, was schädlich und was nützlich ist. Solange wir das nicht können, bleiben wir übrig.

Der zweite Aspekt der Degeneration bezieht sich auf die *Geistesplagen* [6]. Dazu gehören Begierde, Hass und Verblendung. Diese Geistesgifte verdunkeln unseren Geist stark. Obwohl wir ihre Nachteile durchaus erkennen, fällt es uns sehr schwer, sie aufzugeben, weil wir die Fähigkeit, ihnen entgegenzuwirken, bisher nicht entwickeln konnten.

Der dritte Aspekt der Degeneration bezieht sich auf das Entstehen von Ansichten. Wir sind Meister darin, alle möglichen Ansichten zu entwickeln. Gern verbeißen wir uns regelrecht in unsere Konzepte, was unser Verhalten in eine destruktive Richtung lenkt. Menschen haben nicht nur den Hang, ideologische Vorstellungen zu entwickeln, auch halten sie an ihren Überzeugungen sehr stark fest, unabhängig davon, ob sie sinnvoll sind oder nicht. Dieses verbohrte Klammern an Konzepte kann unsere geistige Entwicklung sehr behindern.

Die vierte Degeneration betrifft die Lebensspanne. Ein Menschenleben ist genau genommen nicht sehr lang. Eine bekannte Aussage im Buddhismus lautet: Das Leben ist wie eine Blase im Wasser. In diesem kurzen Leben treffen wir auf viele verschiedenartige Hindernisse. Manche können einen frühzeitigen Tod verursachen. Hindernisse tauchen nicht grundlos auf, sondern werden durch Ursachen und Umstände hervorgerufen. Hinzu kommt, dass wir in einem degenerativen Zeitalter leben, in dem die Elemente Wasser, Erde, Feuer und Wind stark aus dem Gleichgewicht geraten. Das Ungleichgewicht der Elemente führt zu sintflutartigen Regenfällen, Dürre, Kälte, wütenden Stürmen und vielen anderen Katastrophen.

Der Buddha lehrte, dass wir als Menschen grundsätzlich die Fähigkeit besitzen, alle Hindernisse zu überwinden. Wir können uns mit der Kraft unseres menschlichen Geistes von allen

Behinderungen befreien, die durch degenerative Entwicklungen entstehen.

EIN KOSTBARES MENSCHENLEBEN ERLANGT MAN NUR SELTEN

Ein Menschenleben ist so selten, weil es so schwer zu erlangen ist. Auf unserem Planeten gibt es sehr viel mehr tierisches als menschliches Leben. Auch die karmischen Ursachen für eine Kostbare Menschengeburt sind nicht leicht anzusammeln. Es müssen viele Aspekte zusammenkommen, über die wir nicht wirklich die Kontrolle haben. Ein Mensch zu sein ist keine Selbstverständlichkeit. Deshalb sollten wir uns auf den großen Nutzen unseres Kostbaren Menschenlebens konzentrieren und versuchen, das Beste daraus zu machen.

Als Mensch besitzen wir die Fähigkeit und die Kraft, uns aus dem Ozean der samsarischen Leiden zu befreien. Das ist wahrlich ein außergewöhnlich nützliches Potenzial. Dazu gehört außerdem die starke Kraft, Vortreffliches hervorzubringen. Im Buddhismus geht man davon aus, dass das Geisteskontinuum nach dem Tod weiterbesteht und es auf dieser Basis zu einer neuen Geburt kommt. Vortrefflich wäre es, wenn wir in einem hohen Bereich wie dem der Menschen oder Götter geboren werden würden. Grundsätzlich ist es uns möglich, das zu erreichen.

Unter letztendlichem Glück versteht man im Buddhismus die Art von Glück, die mit dem Erreichen des *Nirvāṇa* [7] eintritt. Je nachdem, welche Art der Praxis wir ausüben, können wir ein sogenannter Feindzerstörer, ein *Arhat* [8] werden. Diese persönliche Form der Befreiung aus allen Leiden erreicht man im Hīnayāna-Buddhismus. Im Mahāyāna-Buddhismus ist es möglich, eine umfassendere Form des Nirvāṇa zu erlangen. In dem Fall verwirklicht man nicht nur das höchste Wohl für sich selbst, sondern für alle Lebewesen und damit den Zustand eines Buddhas. Als Mensch haben wir das Potenzial, beide Arten letztendlichen Glücks zu erreichen. Betrachten wir unser menschliches Dasein in diesem Kontext, erkennen wir, wie wirksam eine Kostbare Menschenexistenz tatsächlich sein kann.

Bereits auf dem Weg zur Arhat- oder Buddhaschaft erleben wir jede Menge vorübergehendes Wohlergehen und Glück. Zum vorübergehenden Wohlergehen zählt auch, dass man in einer Ausnahmesituation wie zum Beispiel in der Corona-Krise ruhig bleibt und darauf achtet, sich nicht in die Angst, krank zu werden, hineinsteigert. Als Mensch besitzen wir genug Intelligenz und Kraft, mit einer Pandemie angemessen und klug umzugehen. Unabhängig davon, in welcher Weise unser Verhalten zur Pandemie beigetragen hat, sind wir in der Lage, effektive Maßnahmen für unseren Schutz zu ergreifen. So verändern wir unser Verhalten, damit sich das

Virus nicht verheerend ausbreiten kann. Wir erforschen die Art und die Dynamik der Krankheit und entwickeln einen Impfstoff und andere Medikamente. Am Ende überwinden wir die Krankheit oder können wenigstens gut mit ihr leben. Dass wir überhaupt in der Lage sind, so komplexe Vorgänge wie die, die zu einer Pandemie führen, einigermaßen zu verstehen und darüber hinaus, wirksame Gegenmittel herzustellen, sind herausragende menschliche Fähigkeiten. An diesem einfachen Beispiel wird deutlich, dass es vor allem der Mensch ist - mit seiner ausgeprägten Verständnisfähigkeit und unterscheidenden Weisheit -, der Krankheiten und andere Katastrophen abwenden kann. Unsere Einsichts- und Unterscheidungsfähigkeit hilft uns allgemein, uns so zu verhalten, dass wir nicht krank werden. Wenn trotzdem eine Krankheit ausbricht, beginnen wir sofort, Mittel und Methoden zu entwickeln, die das Geschehen eindämmen oder ganz beseitigen. Es gibt verschiedenartige medizinische Methoden, die den vielen verschiedenartigen Menschen helfen. Einige kommen mit der Tibetischen Medizin gut zurecht, andere mit der Traditionellen chinesischen Medizin und wieder andere mit der allopathischen Medizin. Dass es überhaupt so viele Möglichkeiten gibt, Krankheiten und andere Leiden wirksam zu behandeln und zu überwinden, basiert auf der Kraft unseres menschlichen Geistes.

Es ist sehr wichtig, dass wir uns unserer geistigen Kräfte und Fähigkeiten bewusst werden. Dadurch können wir unsere Möglichkeiten besser verstehen. Erst wenn wir verstanden haben, wozu wir in der Lage sind, können wir sinnvolle Methoden entwickeln und anwenden. In diesem Zusammenhang ist es für uns außerdem sehr wichtig, zu erkennen, dass wir unsere Kraft oft auch gegen uns richten.

Wie gehen wir mit einer Erkrankung um, wie erleben wir sie? Es kommt darauf an, wie wir die Kraft unseres Geistes einsetzen. Nutzen wir sie positiv oder negativ? Wenn wir uns von Ängsten und Befürchtungen überwältigen lassen, verstärken wir unser Leid. Ein enger, ängstlicher Geist lässt selbst kleine Unpässlichkeiten als großes Problem erscheinen. Mit einem stabilen und positiv gestimmten Geist hingegen ist es uns möglich, sogar schwere Krankheiten relativ leicht zu ertragen.

Für unser subjektives Erleben spielt der Geist die entscheidende Rolle. Deshalb ist es wichtig, zu erkennen, dass Ängste und Befürchtungen nur noch mehr Leid verursachen. Übersteigerte Ängste können uns, auch ohne krank zu sein, in den Tod treiben. An diese Art zu reagieren haben wir uns sehr gewöhnt, deshalb fällt es uns so schwer, eine andere Richtung einzuschlagen. Wir geraten sogar dann in Panik, wenn wir gar nicht persönlich betroffen sind. Es reicht, Nachrichten über schreckliche Situationen zu hören oder lesen, um alles Mögliche zu befürchten.

Es ist hilfreicher, am eigenen Selbstbewusstsein zu arbeiten und sich darauf zu konzentrieren, was man tun kann. Mit der Überzeugung, dass man tatsächlich viel tun kann, lässt sich viel bewegen. Zusammenhänge zu erkennen und sich diese immer wieder bewusst zu machen, lässt Ängste und Befürchtungen schrumpfen.

Es ist wichtig, dass wir uns auf unsere innere Kraft konzentrieren und darauf, was wir mit ihr bewirken können. Diese Fähigkeit ist ein Ausdruck unseres Kostbaren Menschenlebens. Das sollten wir uns immer wieder bewusst machen. Denn es hilft uns, in schwierigen Situationen stabil und ruhig zu bleiben. Es ist durchaus möglich, dass so ein kraftvoller Geist ein angriffslustiges Virus erfolgreich in die Flucht schlägt.

Über die Kostbarkeit des Menschenlebens hat der indische Meister *Śāntideva* [9] in seinem berühmten Text *Bodhicaryāvatāra* [10] gesagt, dass auf der Grundlage dieses Menschenlebens, die er mit einem Boot vergleicht, die Möglichkeit besteht, den großen Strom der Leiden zu überwinden.

Mit dem Boot der menschlichen Existenz überquere den großen Strom des Leidens! Schlafe nicht, Verblendeter, wenn jetzt die rechte Zeit gekommen ist! Denn dieses Boot ist schwer wieder zu erlangen. [11]

Weil dieses Boot so schwer zu finden ist, sollten wir unsere Zeit nicht dumpf verschlafen und nicht denken, dass wir nach unserem Tod einfach so ein neues bekommen. Śāntideva macht uns klar, dass alle Leiden zusammengenommen wie ein großer, breiter Strom sind, den wir ohne Boot nicht überqueren können. Allerdings ist es keine Selbstverständlichkeit, ein Boot zur Verfügung zu haben. Deshalb rät uns Śāntideva, dass wir in dieser degenerierten Zeit, in der unser Geist von Verblendungen stark verdunkelt ist, die unvergleichliche Chance, ein Kostbares Menschenleben zu besitzen, nicht verschlafen sollten. Wenn wir diese Zusammenhänge tiefer verstehen und erkennen, dass jeder Moment dieses Lebens kostbar ist, werden wir kaum noch in der Lage sein, auch nur einen Moment zu verschwenden.

Wir werden in unserem Leben mit vielen Gefahren konfrontiert und erleben verschiedenste Ängste. Das gehört zu uns. Gleichzeitig wohnt in uns die Kraft, alle Ängste und Leiden zu überwinden. Realistisch betrachtet, werden wir vollkommene Angstfreiheit und geistige Stabilität nicht so schnell erreichen. Ob und wann wir das schaffen, hängt von vielen unterschiedlichen Ursachen und Bedingungen ab.

1. Das Kostbare Menschenleben

2.
ETHIK

Die zweite der fünf Ursachen zur Entwicklung eines stabilen Geistes ist die Ethik. Der Buddha lehrte, dass Ethik die Basis für Glück ist. Ohne Ethik wird man keinen glücklichen und zugleich furchtlosen Zustand erleben. Warum ist das so? Alles Leiden entsteht aus schädlichem und verletzendem Verhalten. Die Ethik spielt in diesem Zusammenhang deshalb eine so große Rolle, weil sie darin besteht, keinen Schaden und keine Verletzungen zuzufügen. Das ist ihre Natur. Zu verletzen ist die Ursache für Leid. Und weil die Ethik das Verletzen unterbindet, führt sie zu Glück.

Im Buddhismus umfasst die Ethik viele Aspekte. Allgemein werden *Zehn unheilsame Handlungen* [12] aufgeführt, die man unterlassen sollte. Im Besonderen gibt es die Ethik von *Laienanhänger*innen* [13], von *Mönchen* und *Nonnen* [14], von *Bodhisattvas* [15] sowie die *tantrische* [16] Ethik.

Wie sieht ethisches Verhalten angesichts einer Pandemie aus? Wir haben es mit einer ansteckenden Krankheit zu tun. Zunächst ergreifen wir Vorsichtsmaßnahmen, um uns selbst zu schützen. Das heißt, wir halten uns zurück, was bestimmte Handlungen angeht. Zum Beispiel vermeiden wir direkten Körperkontakt. Indem wir bewusst auf unser Verhalten achten, schützen wir uns selbst und gleichzeitig andere. Wir könnten infektiös sein, ohne uns krank zu fühlen. Wir wissen also nicht genau, ob wir ansteckend sind oder nicht. Was wir aber wissen, ist, dass wir, sollten wir ansteckend sein, andere gefährden, wenn wir ihnen zu nahe kommen. Sie könnten krank werden und leiden. In diesem Fall wäre ethisches Verhalten, ausreichend Abstand und andere Schutzmaßnahmen einzuhalten, auch wenn wir das als starke Einschränkung empfinden. Wissenschaftler, Ärzte und Politiker bringen uns immer wieder auf den neuesten Wissensstand, denn eine Pandemie ist ein dynamisches Geschehen. Alle diese Bemühungen können als ethisches Verhalten eingestuft werden, denn sie dienen dazu, Schaden von anderen abzuwenden.

Es macht einen großen Unterschied, ob wir die Handlungen anderer als Ausdruck ethischen Verhaltens erkennen oder nicht. Was wir normalerweise nicht akzeptieren würden, erscheint in einem ganz anderen Licht, wenn wir erkennen, dass es zum Schutz anderer geschieht; und dann freuen wir uns, anstatt uns zu ärgern. Es gibt Menschen, die Anweisungen so strikt einhalten, dass man es ihnen übel nehmen könnte. Manche, die sonst fröhlich auf uns zukamen, machen plötzlich einen großen Bogen um uns, und wir mutmaßen, dass sie uns nicht mehr mögen. Es könnte sein, dass wir uns irren. Vielleicht weichen sie uns aus, weil sie uns vor Ansteckung schützen wollen. In dem Moment, in dem wir die gute Absicht erkennen, wird die Handlung, über die wir uns eben noch ärgern wollten, ein Anlass zur Freude. Sich am Verhalten anderer zu erfreuen, ist heilsam und ein sehr guter Weg, mit schwierigen Situationen umzugehen.

Es gibt noch weitere Gründe, uns zu freuen. Wir können zum Beispiel feststellen, dass wir noch am Leben sind. Wenn wir zur Zeit einer Pandemie jemandem begegnen, der so tut, als würde er uns nicht sehen, könnte es auch sein, dass er uns tatsächlich nicht sieht, weil wir uns im *Bardo* [17] befinden. Nach dem Tod und bis wir wiedergeboren werden, treten wir in einen Zwischenzustand ein. Es heißt, dass manche Bardowesen ihre Angehörigen aus ihrem gerade zu Ende gegangenen Leben wahrnehmen können. Sie möchten mit ihnen zusammensein und suchen ihre Nähe. Aber die Angehörigen können sie ihrerseits nicht wahrnehmen und deshalb auch nicht auf sie reagieren. Dadurch dämmert es dem Bardowesen, dass es wohl gestorben sein muss und es beginnt, sich zu fürchten.

Im Vergleich zum Bardowesen sind wir noch nicht gestorben. Deshalb können wir uns freuen, noch am Leben zu sein, auch wenn andere uns manchmal nicht beachten. Gerade Buddhisten, die diese Zusammenhänge kennen, können auf den Gedanken kommen, sie seien gestorben, wenn jemand nicht auf sie reagiert. Bevor sie in Panik geraten, sollten sie nach draußen gehen und prüfen, ob ihr Körper einen Schatten wirft. Wirft er einen Schatten, leben sie noch. Der feinstoffliche Körper eines Bardowesens wirft keinen Schatten.

Bleiben wir bei der Ethik. Ihre Natur ist es, schädliche Gedanken und Handlungen zu unterlassen. Wenn wir Ausgangsbeschränkungen unterworfen sind und weitestgehend zu Hause bleiben müssen, kann uns das ziemlich zusetzen. Wir können aber auch einen Anlass zur Freude daraus machen, indem wir die Einschränkungen aus einer positiven Perspektive betrachten. Unsere Kontakte zu beschränken, können wir als ethisches Verhalten wertschätzen und uns darüber freuen. Diese Freude wiederum macht uns glücklich, zufrieden und ausgeglichen. Wenn wir aber mit der Situation hadern und ständig darüber nachdenken, was wir alles nicht machen können, werden wir unzufrieden, unglücklich und unausgeglichen. Unser Geist ist dann alles andere als friedvoll und entspannt.

Viele arbeiten im medizinischen Bereich, wie Ärzt*innen und Pfleger*innen in Krankenhäusern und Altenheimen. Sie sind der Gefahr, sich mit einem Virus anzustecken, besonders stark ausgesetzt. Deshalb ist es für sie so wichtig, sich nicht nur vor dem Virus zu schützen, sondern auch davor, starke Ängste zu entwickeln.

Wir besitzen die Fähigkeit, Situationen so aufzufassen und einzuordnen, dass wir ausgeglichen und zufrieden bleiben können, auch wenn es schwierig wird. Es hängt hauptsächlich von unserer geistigen Einstellung ab. Wir können diese Situation als Gelegenheit nehmen, unseren Geist zu schulen, ohne unsere Vorsicht und unseren Schutz zu vernachlässigen, und uns jetzt besonders liebevoll und mitfühlend um unsere Mitmenschen kümmern. Dabei kann es passieren, dass man Fehler macht, weil man aus lauter Liebe und Fürsorge die Weisheit vergisst. Wenn man anderen auf wirklich sinnvolle Weise helfen möchte, braucht man auch eine gute Portion Weisheit.

Ich erfreue mich sehr an der so wichtigen sozialen Arbeit und dem unermüdlichen Einsatz vieler Menschen. Und auch wenn ich sie nicht kenne, mache ich täglich Wunschgebete, dass ihre Arbeit gute Früchte trägt, sie sich nicht infizieren, nicht krank werden und nicht leiden müssen.

ABHÄNGIG VERBUNDENES ENTSTEHEN

Einerseits ist es geboten, sich selbst zu schützen. Andererseits ist es notwendig, sich um andere zu kümmern und sie zu unterstützen, was aber nur funktioniert, wenn man selbst gesund bleibt. Alles bedingt sich gegenseitig. Das eine geht nicht ohne das andere.

Täglich erreichen uns neue beunruhigende Informationen und geben unseren sorgenvollen Gedanken immer wieder Nahrung.

Es ist wichtig, dass wir mit dieser Informationsflut umsichtig umgehen und sie nicht dazu benutzen, uns in Befürchtungen hineinzusteigern. Vielmehr sollten wir unseren Geist behüten, indem wir zuversichtlich bleiben und uns ethisch verhalten.

In Zeiten einer Pandemie sind die meisten Nachrichten nicht besonders positiv. Hinzu kommt, dass sie keine Klarheit schaffen, denn oft bestehen sie nur aus Vermutungen, Spekulationen und Hypothesen. Manche stimmen gar nicht. Deshalb sollte man sich von solchen Informationen nicht verunsichern lassen, sondern darauf achten, dass man geistig stabil bleibt.

Wenn man sich mal wieder zu viele Sorgen macht, sollte man sich bemühen, den Geist in eine andere Richtung zu lenken, und untersuchen, ob man einer Gewohnheit folgt. Möglicherweise hat man es sich angewöhnt, schnell in aufwühlende Emotionen zu geraten und sich Sorgen zu machen. Man sollte sich fragen, ob solche Gedanken sinnvoll sind oder nicht. Ist die Antwort nein, sollte man damit aufhören und versuchen, sich zu entspannen. Das ist auf jeden Fall besser, als sich vagen Vorstellungen und beunruhigenden Gedanken hinzugeben.

Was das Thema Ethik angeht, mache ich gern darauf aufmerksam, welchen Nutzen ethisches Verhalten in gesellschaftlichen Zusammenhängen hat. In Zeiten einer Pandemie, wenn viele Menschen sehr viel Zeit zu Hause verbringen müssen, ist es wichtig, das ethische Verhalten innerhalb der eigenen Familie näher zu betrachten, denn es ist die notwendige Basis für Harmonie und Frieden. Wenn Menschen viel mehr Zeit auf engem Raum miteinander verbringen müssen als sonst, ist es wichtig, dass jede einzelne Person auf ihr Verhalten achtet und sich fragt: „Ist die Art und Weise, wie ich gerade spreche, okay? Wähle ich die richtigen Worte? Ist mein Verhalten verletzend?" Wenn man zuerst nachdenkt, bevor man spricht, kann man noch einiges korrigieren. Ebenso sollte man bewusst darauf achten, welcher Stimmung man gerade ist. Ist man positiv gestimmt oder gereizt? Wie wir andere wahrnehmen, hängt sehr stark von unserer eigenen Stimmung ab. Nur wenn uns auffällt, dass wir schlecht gelaunt sind, können wir verhindern, uns an anderen abzureagieren. Auch im kleinen Umfeld der eigenen Familie kann es trotz schwieriger Zeiten harmonisch bleiben, wenn alle darauf achten, einander keinen Schaden zuzufügen.

MEDITATION ÜBER ETHIK

Über alles, was wir über Ethik gehört haben, denken wir noch einmal genau nach. Wir nehmen uns vor, im Sinne ethischen Verhaltens bewusster auf unsere geistige Haltung zu achten. Wie gehen wir mit anderen um, wie sprechen wir mit ihnen? Wir bemühen uns von ganzem Herzen, andere nicht zu verletzen, und bestärken uns darin, positives Verhalten zu entwickeln. Wir machen uns klar, wie gut es in Zeiten einer

Pandemie ist, physischen Abstand zu anderen einzuhalten, eine Maske zu tragen und Hygieneregeln anzuwenden, um andere und uns selbst vor einer schweren Krankheit zu schützen.

In einer seiner *Lehrreden* [18] stellte der Buddha dar, inwiefern Ethik eine Ursache für Glück ist. Es geht nicht nur um Glück in diesem Leben, sondern auch um Glück in kommenden Existenzen, denn die Ursache für eine hohe Geburt, wie die eines Menschen, entsteht nur auf der Basis ethischen Verhaltens. Auch für die Befreiung aus allen Leiden, ebenso wie für das Erlangen der *Buddhaschaft* [19] ist Ethik die Basis. Allgemein ist Ethik die Grundlage aller guten geistigen Qualitäten. Ob wir uns in einer Gemeinschaft wohlfühlen, hängt davon ab, wie gut oder tugendhaft die Mitglieder sich verhalten. Das Klima am Arbeitsplatz ist viel angenehmer, wenn alle freundlich und wertschätzend miteinander umgehen. Und auch in der Familie fühlen sich alle viel wohler, wenn die Atmosphäre liebevoll und harmonisch ist. Wenn man diese Zusammenhänge verinnerlicht, entwickelt sich daraus die Motivation, gut auf seinen Geist aufzupassen und destruktive Gedanken, Gefühle und Handlungen zu vermeiden. Von negativem Verhalten bewusst und aktiv Abstand zu nehmen, trägt zu mehr Glück, Harmonie und Wohlergehen in allen gesellschaftlichen Zusammenhängen bei.

2. Ethik

3.
LIEBE UND MITGEFÜHL

Auch wenn man weiß, welche enorm wichtige Rolle ethisches Verhalten spielt, ist es nicht so leicht, es zu leben. Die Unterstützung dafür finden wir in uns selbst. Liebe und Mitgefühl sind die hilfreichsten Freunde, die wir in dieser Hinsicht haben. Ein von Liebe und Mitgefühl erfüllter Geist ist gar nicht in der Lage, Schaden zuzufügen. Deshalb heißt es, dass Liebe und Mitgefühl die Schulung der Ethik stützen. Einem Geist, dem es an diesen Eigenschaften mangelt, fällt es schwer, anderen keinen Schaden zuzufügen.

Im Kontext des Mahāyāna-Buddhismus spielen Liebe und Mitgefühl eine besonders herausragende Rolle, weil sie die Grundlage für die Entwicklung eines vollkommen altruistischen Geistes und damit die Ursache für das *Mahāyāna* [20] sind. Die Praxis, mit der man einen vollkommen selbstlosen Geist entwickelt, sind die Sechs *Vollkommenheiten* der *Bodhisattvas* [21]. Sie beginnen mit der Entwicklung eines großzügigen Geistes, die natürlich auch mit ethischem Verhalten einhergeht. Als Bodhisattva ist man inzwischen sehr gut geschult, sonst hätte man diese Stufe nicht erreicht.

Von nun an geht es darum, geistige Vollkommenheit zu entwickeln. Die Schulung auf der Grundlage des Kostbaren Menschenlebens führt auf den Bodhisattva-Pfad, sofern man diesen ernsthaft anstrebt. Man beginnt, sich eine gute ethische Basis zu schaffen, indem man sein geistiges, sprachliches und körperliches Verhalten analysiert und daraufhin verbessert. In diese Bemühungen lässt man Liebe und Mitgefühl einfließen, übt sich in Geduld und schult sich in Weisheit. Alles, so gut man gerade kann. Durch intensive Praxis nehmen die Fähigkeiten mit der Zeit zu.

Liebevolle Zuneigung und Mitgefühl sind letztlich von einer Natur. Der indische Meister *Candrakīrti* [22] hat in seinem Text *Madhyamakāvatāra* [23], im zweiten Vers, die Qualitäten von liebevoller Zuneigung und Mitgefühl deutlich gemacht.

Das Mitgefühl allein ist der Samen, aus dem die reiche Ernte des Zustands eines Buddhas hervorgeht. Mitgefühl ist das Wasser für die Entwicklung auf dem Bodhisattva-Pfad und es ist wie die vollständig gereifte Frucht.

Am Anfang sind liebevolle Zuneigung und Mitgefühl der Samen für die Ernte eines Siegers, also für die Buddhaschaft. In der Mitte ist das Mitgefühl wie Wasser, welches das Wachstum des Samens fördert. Und am Ende ist es die vollkommen gereifte Frucht in Form der Buddhaschaft. Dieser Weg kann ohne Mitgefühl weder begonnen noch gegangen werden, deshalb rückt Candrakīrti es in den Vordergrund seines Werkes.

Allgemein werden den Qualitäten von Liebe und Mitgefühl im Mahāyāna große Bedeutung zugeschrieben. Dieser Weg kann nur in Abhängigkeit eines Geistes, der sich ganz und gar in altruistischer Weise auf das Wohl der anderen ausrichtet, betreten werden. Deshalb ist das Mitgefühl am Anfang so besonders wichtig. Die fruchtbare Erde für den Samen des Mitgefühls ist die Ethik. Wenn man möchte, dass auf dem fruchtbaren Boden der Ethik eine gute Ernte wächst, wie zum Beispiel die geistigen Qualitäten eines Bodhisattvas oder eines Buddhas, muss man den guten Samen des Mitgefühls hineinsetzen. Sonst kann nichts wachsen. Candrakīrti macht deutlich, dass das Mitgefühl zwar die substanzielle Ursache für das Wachstum guter geistiger Qualitäten ist, dass man diesen Samen aber nicht vernachlässigen darf. Man muss sich um ihn kümmern, indem man ihn mit Wasser und Nährstoffen versorgt. Am Anfang dieses Entwicklungsprozesses steht das Setzen des Samens und in der Mitte seine Ernährung. Weil das Mitgefühl die Ursache für *Bodhicitta*, den *Erleuchtungsgeist*[24], ist, wird es als Samen bezeichnet. Der von Mitgefühl erfüllte Geist ist in seinem Bestreben fast ausschließlich auf das Wohl der anderen gerichtet. Aber der Samen allein macht noch keine Ernte. Was braucht eine Person, die einen altruistischen Geist entwickeln möchte? Eine starke Motivation. Und diese ist hier das Mitgefühl. Das Mitgefühl ist der Motor, der die Schulung der Sechs Vollkommenheiten in Gang setzt und antreibt. In diesem Sinne ist das Mitgefühl in der Mitte das Wasser und der Dünger, der den Samen zum Wachsen bringt. Am Ende des Weges entspricht das Mitgefühl der vollständig herangereiften Frucht, deshalb ist es auch am Ende des Weges das Wichtigste. Eine gute Ernte ist nur dann wirklich nutzbringend, wenn sie sinnvoll eingesetzt wird. Wenn jemand ein Buddha geworden ist und damit eine sehr kostbare Ernte eingefahren hat, hätte diese keinen Nutzen, wenn er sie nicht verteilen würde. Der Buddha besitzt grenzenloses Mitgefühl, und deshalb setzt er seine Ernte, das heißt seine überragenden geistigen Qualitäten, ununterbrochen zum Wohle aller Wesen ein.

Auch unser Mitgefühl, das noch nicht so hoch entwickelt ist wie das eines Bodhisattvas, entspricht dem Samen, wie Candrakīrti ihn beschreibt. Im Zusammenleben mit unseren Lebenspartner*innen, unseren Kindern, Eltern und Freund*innen empfinden wir liebevolle Zuneigung und Mitgefühl. Vor allem am Anfang einer Beziehung sind wir der Person, die wir lieben, sehr zugetan. Aber auch in der Mitte und am Ende unserer Beziehungen ist das Mitgefühl von großer Bedeutung. Es ist sinnvoll, sich darüber Gedanken zu machen. In einer Zeit, in der die Kinder nicht zur Schule gehen können und zu Hause lernen müssen, ist das Mitgefühl in der Mitte sehr wichtig. Die Familienmitglieder sind dann oft auf engem Raum zusammen. Wie bewahrt man unter solchen Umständen den Familienfrieden?

Mitgefühl verhindert, die Fehler der anderen in den Vordergrund zu rücken. Allgemein haben wir die Angewohnheit, uns auf Fehler zu fixieren, ob nun tatsächlich welche vorhanden sind oder nicht. Befinden wir uns aber im Zustand der Liebe und des Mitgefühls, fallen uns Fehler nicht besonders auf und wir suchen auch keine. Wenn wir einander liebevoll betrachten, bleibt der eigene Geist ruhig und ausgeglichen, und wir fühlen uns gut miteinander. So können wir auch in schwierigen Zeiten rücksichtsvoll, geduldig und tolerant sein.

Aus Gewohnheit heftet sich unser Geist gern an unvollkommene Aspekte und sucht nach Fehlern bei den anderen, obwohl wir wissen, dass auch sie viele gute Eigenschaften haben. Sich immer wieder darum zu drehen, was nicht so ganz stimmt, führt am Ende zu Unausgeglichenheit. Ist man erstmal gereizt, reicht schon eine Kleinigkeit, um in Streit zu geraten. Das ist für ein gutes Miteinander nicht förderlich. Besser und klüger ist es, die positiven Seiten des anderen zu sehen und ihnen mehr Gewicht zu geben. Das führt zu ganz anderen Wirkungen. Die Suche nach Fehlern hat ihren Ursprung in der Selbstbezogenheit. Oft passt es uns einfach nicht, dass jemand ist, wie er ist. Man nimmt nicht nur mehr Fehler wahr, sondern ist auch unglücklicher, je enger man sich um sich selbst dreht. Nur die eigenen Bedürfnisse wahrzunehmen behindert die geistige Entwicklung.

Dem Hund oder der Katze nimmt man es nicht besonders krumm, wenn sie sich mal danebenbenehmen. Wenn der Hund sich anstrengend verhält, fällt es den meisten nicht so schwer, darauf liebevoll und nachsichtig zu reagieren. Im Umgang mit Menschen sieht es oft anders aus. Dabei ist es viel wichtiger und auch notwendiger, mit den eigenen Kindern, Eltern und Freund*innen wohlwollend, liebevoll und nachsichtig zu sein. Der Nutzen ist letztlich viel größer. Man sollte sich fragen, warum einem der Umgang mit Tieren leichter fällt als der mit Menschen. Tiere beanspruchen für sich keine besondere Rücksicht. Im Umgang mit Menschen ist mehr Kompromissbereitschaft gefragt. Dabei steht jedem von uns vor allem die eigene Selbstsucht im Weg. Dem Hund muss man sich nicht im gleichen Maße anpassen wie einem Menschen. Deshalb geht man lieber eine Form der Beziehung ein, die weniger Auseinandersetzung fordert.

Man sollte genau hinschauen und sich fragen, ob man sich in diese Richtung entwickeln möchte. Im Kontakt mit unseren Mitmenschen tun wir uns deshalb oft so schwer, weil wir uns so ähnlich sind. Wir alle sind in erster Linie mit uns selbst beschäftigt. In diesem Punkt gleichen wir uns. Wir verdrängen gern die Tatsache, wie wichtig wir uns alle nehmen. Begegnen sich zwei Menschen, begegnen sich zwei selbstbezogene Personen. Das fordert zwangsläufig Kompromissbereitschaft, mehr Nachsichtigkeit und Toleranz. Je mehr wir bereit sind, anzuerkennen, wie ähnlich wir in dieser Hinsicht sind, desto größer ist die Chance auf eine harmonische und fruchtbare Beziehung.

Ohne Frage, ist es sehr gut und wichtig, Tieren Liebe und Mitgefühl entgegenzubringen. Menschen gegenüber sollte man das Gleiche empfinden. Man sollte herausfinden, woran es liegt, dass man mit Tieren leichter umgehen kann als mit Menschen. Liegt es am Objekt? Liegt es in der Natur der Hunde und Katzen, dass sie sich leichter lieben lassen als Menschen? An diesem Punkt sollte man die menschliche Weisheit ins Spiel bringen und tiefer über dieses Thema reflektieren. Mit der Zeit wird man erkennen, dass die Hindernisse für eine gute Beziehung nicht im anderen, sondern in einem selbst liegen.

Liebe und Mitgefühl sind Qualitäten, die wir alle für gut und notwendig halten. Dem würde wohl jeder zustimmen. Leider bleibt es oft bei trockenen Worten. Allgemein haben wir von uns selbst den Eindruck, wir seien liebevoll und mitfühlend. Aber in manchen Situationen, in denen es darauf ankommt, sind Liebe und Mitgefühl plötzlich nicht mehr da, und der Eindruck, den wir vorher von uns hatten, bestätigt sich nicht. Schöne Worte lassen sich leichter auf den Lippen tragen, als Liebe und Mitgefühl im Herzen zu empfinden.

Solange Kinder klein und niedlich sind, lösen sie ein starkes Gefühl der Zuneigung in uns aus. Wenn sie älter werden, wird der Umgang mit ihnen schwieriger für uns. Sie werden wütend und trotzig, und es fällt uns zunehmend schwerer, liebevoll und mitfühlend zu bleiben. Stattdessen werden wir selbst wütend. Das wirft die Frage auf, ob unsere anfängliche Zuneigung wirklich auf Liebe und echtem Mitgefühl beruhte. Ich habe einmal beobachtet, wie eine Mutter ihr weinendes Kind auch noch gekniffen hat. Ihr Verhalten beruhte vermutlich auf Hilflosigkeit. Die Unfähigkeit der Mutter, ihre eigenen Emotionen im Griff zu behalten, hat das Kind natürlich nicht beruhigt.

Erwachsene tragen sehr viel mehr Verantwortung und haben eine größere Einsichtsfähigkeit als Kinder. Wenn ein Kind, das sich ja noch in der Entwicklung befindet, unausgeglichen ist und deshalb als anstrengend erscheint, ist es die Aufgabe des Erwachsenen, herauszufinden, was dahintersteckt. Man schaut, warum sich das Kind so verhält und was man tun kann, damit es ihm besser geht. Man kann einem Kind nicht vorwerfen, dass es noch in der Entwicklung steckt. Es liegt in der Verantwortung des Erwachsenen, mit so einer Situation angemessen umzugehen und auf den Ärger des Kindes wohlwollend zu reagieren. Mitgefühl beantwortet Ärger nicht mit Ärger. Mitgefühl nimmt wahr, dass die Person leidet, und bringt den Wunsch hervor, dass sie von diesem Leiden befreit sein möge. Die Liebe nimmt wahr, dass es einer Person an Glück mangelt, und bringt den Wunsch hervor, dass sie glücklich sein möge. Ein Kind, das einem anstrengend erscheint, drückt aus, dass es leidet. Wenn man mitfühlend ist, empfindet man keinen Ärger und keine Ablehnung, sondern den starken Wunsch, dem Kind zu helfen, aus der schmerzlichen Situation wieder herauszukommen.

Die Begriffe Liebe und Mitgefühl sind in den verschiedenen kulturellen, religiösen und gesellschaftlichen Zusammenhängen unterschiedlich besetzt. Im Buddhismus ist Mitgefühl der aus tiefer Zuneigung hervorgebrachte Wunsch, dass die andere Person von ihren Leiden befreit sein möge. Liebe ist mit dem deutschen Begriff Wohlwollen vergleichbar. Man will das Wohl der anderen Person bewirken. Man nimmt wahr, dass es der anderen Person an Glück mangelt, und wünscht ihr von Herzen, dass sie glücklich sein und auch die Ursachen für Glück besitzen möge. Wohlwollen und Mitgefühl im eigenen Geist immer wieder hervorzubringen und somit immer stärker zu entwickeln, nennt man im Buddhismus das Meditieren über Liebe und Mitgefühl. Je öfter man so meditiert, ganz gleich in Bezug auf wen, desto mehr Positives entsteht. Der Nutzen und die Frucht von Liebe und Mitgefühl sind unermesslich.

4.
GEDULD

Im Buddhismus werden drei Arten der Geduld gelehrt.

1. GEDULD ANGESICHTS VON LEIDEN

2. GEDULD ANGESICHTS VON SCHWIERIGKEITEN BEI DER DHARMA-PRAXIS

3. GEDULD ANGESICHTS VON SCHÄDIGUNGEN UND SCHÄDIGERN

1. GEDULD ANGESICHTS VON LEIDEN

Aus meiner Sicht ist es am besten, wenn man mit der Art von Geduld beginnt, die Leiden bereitwillig annehmen kann. Wenn man zum Beispiel Ethik oder Liebe und Mitgefühl ernsthaft entwickeln möchte, wird man im eigenen Geist auch auf Widerstände stoßen. Das kann durchaus unangenehm werden. Da sollte man sich nichts vormachen. Diese geistigen Qualitäten sind zwar alle Ursachen für Glück, aber unsere Unzulänglichkeit wird dazu führen, dass wir auf dem Weg zum Glück Schwierigkeiten erfahren und unter diesen leiden. Damit wir Ethik sowie Liebe und Mitgefühl entwickeln können, müssen wir in der Lage sein, Leiden zu ertragen, die durch Hindernisse auf diesem Weg entstehen. Und dafür brauchen wir viel Geduld.

2. GEDULD ANGESICHTS VON SCHWIERIGKEITEN BEI DER DHARMA-PRAXIS

Sicher würden die meisten Menschen von sich sagen, dass sie Ethik sowie Liebe und Mitgefühl sehr schätzen. Aber nur wenige haben die Fähigkeit, diese Eigenschaften in sich wirklich stark werden zu lassen. Woran liegt es, dass sie das, was sie so schätzen, dann doch nicht wirklich anstreben? Ihnen fehlt vor allem die Rüstung der Geduld. Sich bewusst ethisch zu verhalten, rückt natürlich der Selbstsucht zu Leibe. Und auch wenn wir uns anderen liebevoll und mitfühlend zuwenden, wird sie beiseitegedrängt, und es entsteht ein innerer Kampf. Die widerstrebenden und unangenehmen Gefühle, die dabei auftreten, veranlassen viele, ihre Bemühungen wieder aufzugeben. Wer sich in solchen Momenten mit der Rüstung der Geduld wappnen kann, wird, ganz gleich, welche Schwierigkeiten sich in den Weg stellen, daran festhalten, Ethik, Liebe und Mitgefühl zu üben.

In welchen Momenten neigen wir dazu, unsere liebevolle Haltung aufzugeben? Es passiert, wenn unser Kind mit seinem Trotz kämpft, oder wenn unser Lebenspartner oder auch Kollegen am Arbeitsplatz sich in einer Art und Weise ausdrücken, die wir als verletzend empfinden. Hätten wir Geduld, würden wir zu uns selbst sagen: „Okay, das gefällt mir jetzt nicht, aber ich bin bereit, die Situation von Herzen anzunehmen, wie sie nun mal ist, weil ich meine Liebe und mein Mitgefühl auf keinen Fall verlieren möchte." Die Fähigkeit, etwas annehmen zu können, was unser Wohlbefinden empfindlich stört, macht es möglich, unsere liebevolle Zuneigung beizubehalten. Liebe und Mitgefühl, geschützt durch die Rüstung der Geduld, bringt viel Gutes hervor. Man sollte allerdings nicht erwarten, dass diese Entwicklung sehr schnell geht. Man muss erstmal davon überzeugt sein, dass diese guten geistigen Eigenschaften tatsächlich sehr wertvoll sind. Außerdem muss man fest entschlossen sein, auch in schwierigen Situationen nicht ins Wanken zu geraten. Nur dann wird unser Verhalten mittel- und auch langfristig eine positive Wirkung auf andere haben. Unsere Kinder merken, dass wir ihnen gegenüber liebevoll, mitfühlend und nachsichtig bleiben, obwohl sie gerade die Kontrolle über ihren eigenen Geist verlieren. Es wird ihnen guttun und ihren Geist beruhigen, wenn wir zugeneigt bleiben und nicht nachtragend sind. Das funktioniert genauso in allen anderen Beziehungen.

Wie Eltern mit ihren Kindern umgehen, hat langfristige Folgen, im Guten wie im Schlechten. Wenn Eltern ihr Kind aus eigener Frustration und Jähzorn heraus beschimpfen und demütigen, hat es in so einem Milieu kaum eine Chance, andere Verhaltensmuster zu lernen. Und nicht erst im Erwachsenenalter wird es ähnliche Muster zeigen. Die Auswirkungen der häuslichen Atmosphäre prägen die Beziehungsfähigkeit und setzen sich so immer weiter fort. Deshalb sollte man wissen, welchen ungeheuren Nutzen es hat, angesichts konfliktbeladener Situationen gelassen zu bleiben und dadurch seine Zuneigung und sein Mitgefühl zu bewahren, auch wenn man nicht gleich eine positive Reaktion als Antwort bekommt.

3. GEDULD ANGESICHTS VON SCHÄDIGUNGEN UND SCHÄDIGERN

Ob jemand tatsächlich die Absicht hat, einem anderen zu schaden oder nicht, spielt in diesem Zusammenhang erst mal keine Rolle. Entscheidend ist, dass man den Eindruck hat, jemand wolle einem Schaden zufügen. Allein Unbehagen gegenüber jemandem zu empfinden, lässt ihn bereits als Schädiger erscheinen. Dieser Erscheinung keine Bedeutung beizumessen und das Gefühl, sich wehren oder gar rächen zu wollen, nicht anzufeuern, bedeutet, gelassen zu bleiben. Man zieht seine Aufmerksamkeit von dem, was sich innerlich zusammenbrauen möchte, ab. Dadurch beruhigt man sich. Je mehr man sich mit der Person beschäftigt, die einem so erscheint, als wolle sie einem Schaden zufügen, desto angespannter wird man. Diese Anspannung begünstigt, dass man alles, was diese Person sagt oder tut, als unangenehm empfindet. Sogar dann, wenn sie sich gar nicht negativ verhält. Es ist also hauptsächlich vom eigenen Geist abhängig, ob einem jemand als Schädiger erscheint oder nicht. Das macht deutlich, wie wichtig es ist, stets gelassen zu bleiben.

4. Geduld

Die Schulung von Liebe und Mitgefühl macht nicht nur glücklicher, sondern auch die eigene geistige Einstellung insgesamt positiver. Die Wahrnehmung wird klarer und wohlwollender. Einem missmutigen Geist kommt alles negativ vor, und dazu ist er oft auch noch nachtragend. Er ist so von sich überzeugt, dass er gar nicht auf die Idee kommt, er könnte etwas falsch aufgefasst haben. Mit so einer negativen geistigen Haltung verstrickt man sich schnell in alle möglichen Leiden. Je stärker man hingegen Liebe und Mitgefühl empfindet, desto grundlegender verändern sich die eigenen Wahrnehmungen und Auffassungen.

Kein Übel gleicht dem Hass. Keine Askese gleicht der Geduld. Darum möge er/ sie mit ganzer Kraft und auf vielfältige Weise Geduld üben.

Wenn der Stachel des Hasses das Herz erfasst hat, erfährt das Denken keine Ruhe, erlangt weder Freude noch Glück, und der Mensch findet keinen Schlaf und keine Festigkeit. [25]

Der indische Meister Śāntideva weist in seinem Text Bodhicaryāvatāra eindringlich darauf hin, dass es über den Hass hinaus keine unheilsamere Handlung gibt und über die Geduld hinaus keine höhere Tugend. Deshalb rät er, dass man sich mit vielfältigen Methoden darum bemühen sollte, Geduld zu entwickeln. Mit wahrer Geduld sind wir in der Lage, alle unsere Übungen nicht nur anzufangen, sondern sie auch bis zum Ende durchzuführen. Ohne Geduld erreichen wir unser Ziel nicht. Und alles, was wir an Gutem schon erreicht haben, löst sich wieder auf. Deshalb mahnt Śāntideva uns, mit vollem Einsatz die verschiedenen Arten der Geduld zu meditieren und zu entwickeln.

4. Geduld

5.
WEISHEIT

Es ist sehr wichtig, dass unsere Praxis auch von Weisheit begleitet ist. Im Bodhicaryāvatāra macht Śāntideva außerdem deutlich, dass der Buddha alle Erklärungen zu den verschiedenen geistigen Qualitäten, vor allem der Weisheit wegen gelehrt hat.

Alle diese Zweige hat der Weise zum Zwecke der Weisheit gelehrt. Daher möge [der Bodhisattva] mit dem Wunsch, das Leiden zu beenden, die Weisheit entwickeln. [26]

Wer sich also tatsächlich wünscht, alles Leiden zu befrieden, sollte seine Weisheit weiterentwickeln. Im Bodhicaryāvatāra erläutert Śāntideva geistige Qualitäten wie Bodhicitta, Wachsamkeit, Vergegenwärtigung, Geduld und andere. Und dazu sagt er, dass alle Bemühungen, diese Qualitäten ohne Weisheit zu entwickeln, keine fruchtbaren Ergebnisse hervorbringen können. So wird zum Beispiel die Ethik, die wir auf der Basis unseres Kostbaren Menschenlebens entwickeln, keine authentische sein, wenn sie nicht mit Weisheit gepaart ist. Wenn die Klarheit der Weisheit fehlt, kann es zu falschen ethischen Überzeugungen kommen. Ähnliches passiert, wenn wir Liebe und Mitgefühl ohne Weisheit praktizieren. Und wenn die Geduld nicht mit Weisheit verbunden ist, kann sie zu gefühlloser Gleichgültigkeit werden. Erst die Weisheit macht unsere Übungen vollkommen. Die Schulungen der Vollkommenheiten eines Bodhisattvas, die im Mahāyāna-Buddhismus beschrieben werden, können nur im Zusammenhang mit Weisheit zur Reife gebracht werden. Wer ohne Weisheit übt, gleicht einem Blinden.

Im Buddhismus werden zwei Arten von Weisheit gelehrt, eine angeborene Form und eine durch Schulung entstandene. Realistisch betrachtet, kann man nicht davon ausgehen, dass man bereits bei der Geburt mit sehr viel Weisheit ausgestattet ist. Deshalb geht es im Buddhismus hauptsächlich um die Form der Weisheit, die durch Schulung entsteht. Sie wird über Lernen, Nachdenken und Meditation schrittweise entwickelt. Vor dem Erlangen tiefgründiger Erkenntnisse steht das Lernen.

Im Tibetischen Zentrum gibt es verschiedene Möglichkeiten, den Dharma zu studieren. Inzwischen wird sogar ein sechsjähriges Vollzeitstudium angeboten. Zuerst wird Erkenntnistheorie gelehrt. Da geht es um die verschiedenen Arten von Gewahrsein und Erkenntnis. Anschließend lernt man zwischen dem Geist und Geistesfaktoren zu unterscheiden. Im Buddhismus werden verschiedene Gruppen von Geistesfaktoren gelehrt, wie die *Fünf Allgegenwärtigen Geistesfaktoren*[27]. Man lernt die Begriffe ebenso wie ihre Bedeutung kennen und erfährt, welche Funktionen die Geistesfaktoren innerhalb der Wahrnehmung erfüllen. Auf diese Weise beginnt man zu verstehen, wie der Geist arbeitet. Diese Erkenntnis nennt man die Weisheit, die aus dem Lernen entsteht. Das ist der erste Schritt.

Indem man über das Gelernte intensiv nachdenkt und analytisch darüber meditiert, verinnerlicht man es tiefer. Durch tieferes Verstehen kommt es schließlich zu begrifflichen schlussfolgernden Erkenntnissen. Dabei handelt es sich um wirklich korrekte Erkenntnisse. Durch das Lernen kommt man über Vermutungen noch nicht hinaus. Erst durch intensives Reflektieren, Nachdenken und Begründen entwickeln sich allmählich gültige Erkenntnisse. Diese sind allerdings noch begrifflicher Natur, da sie auf Schlussfolgerungen beruhen und nicht auf unmittelbarer Wahrnehmung. Erst durch tiefe meditative Konzentrationszustände entwickelt sich die Weisheit, die aus der Meditation entsteht.

Innerhalb der vielen buddhistischen Traditionen gibt es verschiedene Vorstellungen darüber, mit welcher Methode man seinen Geist entwickeln sollte. Manche sagen, man solle nicht so viel lernen und studieren, sondern mehr meditieren. Andere sagen das Gegenteil. Tatsächlich ist es so, dass man zunächst etwas lernen muss - worüber sollte man sonst meditieren? Und wie soll man zu tieferen Einsichten gelangen, wenn man über das Gelernte nicht tiefer nachdenkt und intensiv meditiert?

KONZENTRATIVE MEDITATION

Etwa in der Höhe der eigenen Augen und eine Armlänge entfernt, stellt man sich im Raum vor sich ein Objekt vor, welches einem bereits bekannt ist. Buddhisten stellen sich eine Buddhafigur vor, die ihnen von einer Abbildung her vertraut ist. Sie sollte so lebendig erscheinen, als sei es der Buddha selbst.

Das Objekt hält man mit dem *Geistesfaktor Vergegenwärtigung*[28] im Geist. Das heißt, man hält es so präsent, dass man es nicht mehr vergisst. Die Fähigkeit, das Objekt in dieser Weise zu halten, schult man durch regelmäßig wiederholtes Meditieren. Hinzu kommt eine bestimmte Form der Wachsamkeit, die darauf achtet, ob sich eine Ablenkung anbahnt.

Auch wenn man sich keinen Buddha vorstellt, sondern vielleicht den Mond oder die Sonne, richtet man seinen Geist punktförmig auf das vorgestellte Objekt, das strahlend und lichthaft sein sollte.

Der Geist der Konzentration, der sich einspitzig auf das Objekt richtet, ist der Meditierende. Es gilt die Fähigkeit zu entwickeln und zu vervollkommnen, den Geist punktförmig und gleichzeitig vollkommen entspannt auf einem Objekt zu halten. Man sollte darauf achten, dass man sich während der Meditation weder körperlich noch geistig anstrengt. Man kann den Geist nicht zwingen, sich zu konzentrieren.

Das, was während der Meditation vor sich geht, bewertet man nicht. Man betitelt eine Regung nicht als angenehm oder unangenehm und denkt auch nicht, dass gar nichts passiert. Welche Gefühle auch immer auftreten – man lässt sich nicht von ihnen ablenken. Alle kommentierenden Gedanken lässt man los. Andernfalls entstehen schnell Zustände der Anhaftung, die den Geist in Aufregung versetzen. So kann sich keine Ruhe und auch keine Stabilität entwickeln.

Wenn man das Gefühl hat, dass Geist und Objekt nicht mehr voneinander getrennt sind, ist man auf dem richtigen Weg.

ZU GUTER LETZT
Immer wieder kommt die Frage auf, ob man denn alles Leiden auf fatalistische Weise hinnehmen solle. Nein, soll man nicht - es ist komplexer. Im Buddhismus geht es darum, Leiden zu überwinden. Das ist leider nicht in jeder Situation möglich. Es gibt Zustände, die man im Moment nicht ändern kann. In dem Fall gilt der Rat, die Situation so gut anzunehmen, wie man kann.

Es können aber auch durch die Übung unangenehme Empfindungen entstehen, denn ernsthafte Dharma-Praxis ist durchaus anstrengend. Wenn man immer wieder abbricht, weil es unangenehm wird, kann man sich nicht weiterentwickeln. Angesichts solcher Schwierigkeiten braucht man die

Bereitwilligkeit, diese unangenehmen Empfindungen anzunehmen.

Aus buddhistischer Sicht gehören Leiden zu den Dingen, die man aufgeben sollte. Wenn man das noch nicht kann, wird der Versuch, es erzwingen zu wollen, viel Frustration und Leid mit sich bringen. Stattdessen sollte man sich darin üben, bereitwillig anzunehmen, was man im Moment nicht ändern kann.

5. Weisheit

GLOSSAR UND ANMERKUNGEN

1 Buddha Śakyamuni

Historischer Buddha. Siddhārtha Gautama Śākyamuni. Er lebte in Nordindien, etwa von 566-485 vor unserer Zeitrechnung. Eine exakte Angabe seines Geburts- und Todesjahres ist, laut der Historiker nicht möglich. Der Buddha stammte aus einer der angesehensten und einflussreichsten Familien des Landes. Im Alter von etwa 35 Jahren erlangte er die Buddhaschaft. Bis zu seinem Tod, im Alter von etwa 80 Jahren, unterrichtete er den Dharma.

Es heisst, dass insgesamt 1000 Buddhas in diesem Zeitalter erscheinen und den Dharma in die Welt bringen. Jeder Buddha erscheint in einer bestimmten Epoche. Śākyamuni war der vierte der 1000 Buddhas dieses Zeitalters.

2 Kostbares Menschenleben

Die Acht Freiheiten und Zehn Ausstattungen machen ein Kostbares Menschenleben aus.

Acht Freiheiten:

1. in einem abgelegenen Land zu leben, wo die 4 Arten von Anhängern des Buddha nicht hinkommen;
2. unvollständige Gliedmaßen oder Sinneskräfte zu haben, z.B. ohne Gehör oder geistig eingeschränkt zu sein;
3. verkehrten Ansichten anzuhängen, wie der, dass es keine früheren oder späteren Existenzen oder keinen Zusammenhang zwischen Handlungen und ihren Wirkungen oder keine Drei Juwelen gibt;
4. die Lehre des Buddha nicht verbreiten zu können, weil kein Buddha erschienen ist;
5. als Tier geboren zu sein;
6. als Hungergeist;
7. als Höllenwesen;

8. als langlebiger Gott.
Zehn Ausstattungen:
1. ein Mensch zu sein;
2. mit vollständigen Sinnen;
3. in einem zentralen Land zu leben;
4. die 5 extrem schädlichen Taten nicht begangen zu haben: Vatermord, Muttermord, Arhatmord, einem Buddha blutende Wunden zufügen, die geistige Gemeinschaft spalten;
5. Vertrauen in die Grundlagen spirituellen Lebens zu haben;
6. ein Buddha ist in der Welt erschienen;
7. er hat den erhabenen Dharma gelehrt;
8. die Lehren sind bis jetzt erhalten;
9. die Lehren werden bis jetzt befolgt;
10. die Menschen sind allgemein fürsorglich

3   Sechs Daseinsbereiche

Es gibt 6 Daseinsbereiche:
Höllenbereich, Hungergeisterbereich, Tierbereich, Menschenbereich, Bereich der Halbgötter, Götterbereich

4   Daseinskreislauf (Saṃsāra)

Aufgrund einer grundlegenden Unwissenheit erkennen wir nicht, dass die Dinge nicht so existieren, wie wir sie wahrnehmen. Das Greifen nach Annehmlichkeiten und das Ablehnen von Unannehmlichkeiten, führt immer wieder zu Handlungen, die Leid hervorbringen - entweder unmittelbar oder später. Solange diese Unwissenheit besteht, bleiben wir in diesem leidvollen Zustand und werden unfreiwillig immer wieder geboren und müssen immer wieder sterben usw.

5   Fünffacher Niedergang
Fünf Aspekte des Niedergangs:
1. Die Lebenszeit der Lebewesen nimmt ab; 2. Die verblendeten Ansichten nehmen zu; 3. Die Leidenschaften nehmen zu; 4. Die Fähigkeiten und guten Anlagen der Lebewesen degenerieren; 5. Allgemein verschlechtert sich alles (die Zeit degeneriert)

6   Geistesplagen = Kleshas
Die Geistesplagen sind Leidenschaften, die aufgrund von Verblendungen entstehen. Handlungen, die von Leidenschaften motiviert sind, führen im Fall von negativen Handlungen zu ebenfalls negativen karmischen Anlagen.

7   Nirvāṇa
Je nach Zusammenhang ist damit die Persönliche Befreiung aus dem Daseinskreislauf oder die Buddhaschaft gemeint.

8   Arhat
Ein Arhat im Hīnayāna, dem sogenannten Kleinen Fahrzeug, ist jemand, der die 5 Pfade zur Erlangung der persönlichen Befreiung aus allen Leiden, erfolgreich durchlaufen hat. Im Mahāyāna, dem sogenannten Großen Fahrzeug, ist ein Arhat jemand, der auf dem 3. der 5 Pfade zur vollkommenen Erleuchtung angelangt ist. Er ist damit ein Bodhisattva auf dem Pfad des Sehens und hat ebenfalls die persönliche Befreiung aus allen Leiden erlangt, aber noch nicht die Buddhaschaft.

9 Śāntideva
Ist ein indischer Gelehrter der Klosteruniversität Nālandā, im achten Jahrhundert. Verfasser des Bodhicaryāvatāra, in dem der Weg eines Bodhisattvas vom Eintritt bis zur Erleuchtung beschrieben wird.

10 Anleitung auf dem Weg zum Erwachen = Bodhicaryāvatāra
Ist ein berühmter Text von Śāntideva (8.Jahrhdt.). In Versform, in 9 Kapiteln stellt Śāntideva den Übungsweg eines Bodhisattvas dar, der danach strebt die vollkommene Erleuchtung zu erlangen, um dadurch selbst zu einem Buddha zu werden.

11 Anmerkung:
14. Vers im 7. Kapitel (Tatkraft) im Bodhicaryāvatāra, übersetzt von Christof Spitz

12 Zehn Unheilsame Handlungen
Ein wichtiger Punkt buddhistischer Ethik ist das Vermeiden der Zehn Unheilsamen Handlungen: 1. Töten; 2. Stehlen; 3. Sexuelles Fehlverhalten; 4. Lügen; 5. Zwietracht säen; 6. Verletzende Rede; 7. Sinnlose Rede; 8. Übelwollen; 9. Habgier; 10. Falsche Ansichten

13 Ethik von Laienanhängern
Meint hauptsächlich das Laiengelübde, das aus 5 Regeln besteht. Töten, Lügen, Stehlen, sexuelles Fehlverhalten sind die Hauptregeln. Das Vermeiden von Alkohol oder anderen Drogen, ist eine Nebenregel.

14 Ethik von Nonnen und Mönchen
Je nach Stufe der Ordination, umfasst das Gelübde der Nonnen eine verschieden hohe Anzahl von Regeln - das können mehr als 300 sein.

15 Ethik von Bodhisattvas
Ist das Bodhisattva-Gelübde, das aus 18 Haupt- und 46 Nebenregeln besteht.

16 Tantrische Ethik
Gelübde, die im Zusammenhang mit der tantrischen Praxis stehen und innerhalb einer tantrischen Initiation genommen werden.

17 Bardo – Zwischenzustand
beginnt nach dem Tod und endet mit der Wiedergeburt

18 Sūtra
ist eine Lehrrede des Buddha

19 Buddhaschaft
Die Buddhaschaft ist der höchste Zustand geistiger Entwicklung, in dem alles Negative aufgegeben ist und alle Tugenden, wie bedingungslose Liebe und vollkommene Weisheit erreicht sind. Ein Buddha verweilt im Zustand höchster Glückseligkeit und ist vollkommen darauf ausgerichtet, das Wohl der unzähligen Lebewesen zu bewirken.

20 Mahāyāna
Großes Fahrzeug im Buddhismus. Laut der Philosophie des Großen Fahrzeugs, hat jedes Wesen grundsätzlich die Möglichkeit, nach entsprechender Schulung und Praxis, die Buddhaschaft zu erreichen.

21 Sechs Vollkommenheiten (Paramitas) der Bodhisattvas
Ethik, Freigebigkeit, Tatkraft, Geduld, Konzentration, Weisheit

22 Candrakīrti
Candrakīrti (700. Jahrhundert n.Chr.), bedeutender indischer Gelehrter des Mahāyāna-Buddhismus.

23 Madhyamakāvatāra
Eintritt in den Mittleren Weg, Kommentar von Candrakīrti

24 Erleuchtungsgeist - Bodhicitta
Ist die Geisteshaltung, die die Buddhaschaft vor allem deshalb anstrebt, weil sie allen Lebewesen, und zwar ohne Ausnahme, aus allen Leiden befreien und in den Zustand endgültigen Glücks führen möchte. Die eigene Befreiung und das eigene Glück entstehen dabei sozusagen automatisch, weil man unfassbar viel Heilsames dabei ansammelt.

25 Anmerkung:
2. und 3. Vers im Kapitel Hass, im Bodhicaryāvatāra von Śāntideva

26 Anmerkung:
Bodhicaryāvatāra: 1. Vers im Kapitel Weisheit

27 Fünf Allgegenwärtige Geistesfaktoren
Empfindung, Unterscheidung, Wille, Aufmerksamkeit und Berührung

28 Geistesfaktor Vergegenwärtigung
Innerhalb der 51 Geistesfaktoren, die in der Nur-Geist-Schule dargestellt werden, gehört die Vergegenwärtigung zu den 5 Objekt-feststellenden Geistesfaktoren. Sie behält das Objekt auf das man sich konzentrieren möchte und mit dem man sich zuvor vertraut gemacht hat, in Erinnerung, so dass man es nicht vergisst.

KURZ-BIOGRAFIE
GESHE PEMA SAMTEN

Geshe Pema Samten wurde im Februar 1957 in Yarzi, einem kleinen Dorf in der Region Dargye, in Ost-Tibet geboren. Schon als kleines Kind lernte er die Härten des Lebens kennen. In den neunzehnhundertsechziger Jahren herrschte große Hungersnot in Tibet. Oft gab es am Tag nicht mehr zu essen als ein paar winzige, unangenehm schmeckende Pflanzen. Geshe Pema Samten wuchs ohne Vater auf. Deshalb musste er schon als Kind und Jugendlicher viel und hart arbeiten, um zum Lebensunterhalt für seine Mutter, seinen kleinen Bruder und sich beizutragen.

Mit Anfang zwanzig entschloss er sich, Mönch zu werden und trat in das ehemals weithin bekannte Tashi-Dargye-Kloster ein. Sein Wunsch, die Lehren des Buddha zu studieren und nach ihnen zu leben, wurde immer größer und so ging er, etwa zwei Jahre später nach Indien, um dort im tibetischen Exil-Kloster Sera-Je zu leben und zu studieren. Da er kaum zur Schule gegangen war, fiel ihm das Studieren anfangs sehr schwer und manches Mal war er nah dran aufzugeben. Aber er hielt durch und wurde schließlich einer der besten Studenten seines Jahrgangs. Noch während er studierte, begann er, auf Wunsch seiner Lehrer, selbst zu unterrichten. Geshe Pema Samten erlangte den höchsten akademischen Grad der Klosteruniversität, den Lharampa-Geshe. Er vervollständigte seine Ausbildung mit einem Abschluss am Tantra-Kolleg.

Danach baten ihn der Dalai Lama und seine Lehrer, zurück ins Tashi-Dargye-Kloster in Tibet zu gehen, um es wieder zu einer angesehenen Bildungsstätte des Tibetischen Buddhismus zu machen und die Lebensumstände der Menschen in der Region Dargye zu verbessern. Er wurde zum Abt des Klosters gewählt und widmet sich seither dieser verantwortungsvollen Aufgabe. Inzwischen hat das Kloster wieder einen Tantratempel, einen Debattierhof, eine Schule, Retreatplätze, ein großes Küchenhaus mit Speisesaal, Gästehäuser und einige neue Unterkünfte für die Mönche. Und auch die Situation der Nonnen in den beiden nahegelegenen Klöstern Hadhu und Nyagye verbessern sich stetig

Seit Januar 2003 lebt und unterrichtet Geshe Pema Samten die meiste Zeit des Jahres in Deutschland, im Tibetischen Zentrum Dschangtschub Tschöling, in Hamburg-Rahlstedt. Ende 2003 initiierte er den Tashi Dargye e. V. zur Förderung der Region Dargye in Ost-Tibet. Jedes Jahr reist er mit einigen Schüler*innen für zwei bis drei Monate nach Dargye, um seinen Aufgaben als Abt nachzukommen und die Projekte des Tashi Dargye Vereins vor Ort umzusetzen und zu betreuen. Im Laufe der Jahre ist eine stabile Brücke nach Tibet entstanden. Die Menschen in Dargye bekommen materielle Unterstützung und die Menschen in Deutschland bekommen durch Geshe Pema Samten den authentischen Dharma überliefert. Darüber hinaus haben sich viele deutsch-tibetische Freundschaften entwickelt.

Geshe Pema Samten lehrt den tiefgründigen Dharma auf humorvolle und leicht verständliche Weise. Seinen vielen Schüler*innen und Freund*innen begegnet er immer außerordentlich geduldig und mitfühlend. Er ist ein Mensch, der ohne zu zögern und bereitwillig, die Interessen anderer vor seine eigenen stellt. Wann immer jemand einen Rat braucht, gibt er ihn. Dies, sowie sein unerschütterliches Mitgefühl und seine Weisheit, die durch seinen erfrischenden Humor schimmert, machen ihn zu einem inspirierenden Lehrer und einem warmherzigen und zuverlässigen Freund. Um die Stürme in dieser samsarischen Welt nicht nur aushalten, sondern für die eigene Entwicklung nutzen zu können, braucht man einen geistigen Freund auf den man sich vertrauensvoll verlassen kann. Für viele Menschen in Tibet, China, Indien und Deutschland ist Geshe Pema Samten dieser Freund.

WEITERE INFORMATIONEN ÜBER DAS WIRKEN UND DAS ENGAGEMENT VON
GESHE PEMA SAMTEN FINDEN SIE HIER:

TIBETISCHES ZENTRUM E. V.
Hermann-Balk-Str. 106
22147 Hamburg
Spenden: Postbank Hamburg
Kontonummer: 460 900 201
Bankleitzahl: 200 100 20

TASHI DARGYE E. V.
FÖRDERVEREIN FÜR DIE TIBETISCHE REGION DARGYE IN OST-TIBET
Saseler Weg 18 a
22359 Hamburg
Spenden: HypoVereinsbank Hamburg
Kontonummer: 437 111
Bankleitzahl: 200 300 00

SAMTEN DARGYE LING E. V.
TIBET-ZENTRUM HANNOVER
Odeonstraße 2
30159 Hannover
Spenden: Postbank Hannover
Kontonummer: 62 698 302
Bankleitzahl: 250 100 30

WEITERE BÜCHER VON GESHE PEMA SAMTEN
BEI EDITION BLUMENAU:

WUNSCHGEBETE

Glück kann man üben

Wie steht es um unser Verhalten? Wie oft am Tag tun wir Gutes und wie oft weniger Gutes?

KARMA – SCHICKSAL ODER CHANCE

Der Autor erklärt auf leicht verständliche und prägnante Art und Weise, was Karma in der Buddhistischen Tradition wirklich meint.